L'EMPLOI

DU

SABRE

PARIS ET LIMOGES

HENRI CHARLES-LAVAUZELLE

Éditeur militaire

0. 4

Prin Cart.
8° V
22892

L'EMPLOI

DU SABRE

L'EMPLOI

DU SABRE

—•—:•o§•—•—

ETUDE RAISONNÉE DU COMBAT

A L'ARME BLANCHE

D'APRÈS LES PRINCIPES POSÉS PAR LE RÈGLEMENT

SUR LES EXERCICES DE LA CAVALERIE

DU 31 MAI 1882

PARIS | LIMOGES
11, Place Saint-André-des-Arts ; 46, Nouvelle route d'Aixe, 46

IMPRIMERIE ET LIBRAIRIE MILITAIRES

Henri CHARLES-LAVAUZELLE

Éditeur.

—

1891

AVANT-PROPOS

« Le cavalier qui aura appris
l'escrime du sabre sera, dans la
mêlée, supérieur à son adversaire, pour peu, toutefois, qu'il
soit bon cavalier. »

(Von SCHMIDT.)

L'axiome posé par le général prussien
est indiscutable. Il a servi de ligne de
conduite aux grands cavaliers du premier
empire qui ont parcouru l'Europe en
triomphateurs de Madrid à Moscou. Aussi
peut-on s'étonner à bon droit que l'enseignement de la contre-pointe soit si né-
gligé dans la cavalerie. La méthode su-
rannée actuellement en vigueur en est
probablement la cause.

Cette méthode, en effet, est la négation
même de l'emploi du sabre à cheval. Elle
ne tient aucun compte de la monture,
alors que celle-ci joue le rôle principal. A
cheval, l'homme se présente la poitrine en
avant, les épaules à la même hauteur ; sur
la planche, on lui fait complètement effa-

cer l'épaule gauche. La main gauche, qui tient les rênes, doit être immobile, les jambes fixes pour maintenir le cheval dans la bonne direction. Dans la salle, on prescrit à l'homme de se fendre et la main gauche suit le mouvement. On fait enfin porter un coup de banderole qui, donné à cheval dans les conditions où on l'enseigne actuellement, n'aurait d'autre résultat que de couper l'encolure de l'animal qui vous porte. On le voit, autant de prescriptions, autant d'hérésies.

Cette anomalie n'a pas échappé aux rédacteurs du règlement de 1882, puisqu'on lit dans leur rapport, titre II : « Le comité se réserve de présenter ultérieurement un règlement d'escrime, familiarisant mieux le cavalier avec son arme de combat. »

Malheureusement ce règlement n'a pas encore paru et nos cavaliers, complètement ignorants du maniement d'une arme qui devrait être leur principale force, se présenteraient devant l'ennemi dans des conditions d'infériorité notoire. En effet, les exercices du titre II ne font qu'ébaucher l'emploi du sabre. D'autre part, la salle d'armes ne doit être fréquentée que par les cavaliers admis à l'école d'escadron. Nous avons, du reste, vu plus haut ce qu'on leur enseigne à cette époque. Pris entre ces deux méthodes contradictoires, les malheureux ignorent l'une et l'autre.

Pour nous, le choix ne saurait être douteux et, le règlement seul faisant force de loi, c'est d'après les bases qu'il pose que l'instruction doit être poursuivie, et la progression doit être réglée de telle sorte que tous les exercices soient complètement familiers aux hommes lorsqu'ils sont mobilisables, c'est-à-dire au moment même où ils sont admis à l'école d'escadron.

Afin de déterminer la meilleure méthode à suivre, il est indispensable de considérer les conditions que l'homme doit remplir pour figurer dignement dans un combat à l'arme blanche.

Ces conditions sont les suivantes :

1° Connaître à fond l'escrime du sabre telle qu'elle va être exposée plus loin ;

2° Avoir entre les jambes un animal souple, docile et adroit ;

3° Savoir tirer parti d'une monture remplissant les conditions ci-dessus.

Mais de ce que ces trois conditions doivent être réunies au moment du combat, il ne s'ensuit pas qu'on doive chercher à les atteindre simultanément.

Les trois éléments nécessaires au combat à cheval doivent, au contraire, se préparer isolément d'après une progression distincte pour chacun d'eux. L'expérience l'a surabondamment prouvé.

Le cheval est préparé à son rôle par le *dressage*. Le cavalier reçoit aux *classes à cheval* l'instruction nécessaire pour tirer parti de sa monture.

Enfin, on lui indique au *travail en armes* comment il doit porter les coups avec son sabre. A cheval, cette simple esquisse des coups de sabre est suffisante pour ne pas retomber dans les erreurs de la *tapette* universellement condamnée.

Mais à pied, malgré les prescriptions minutieuses du titre II, le règlement ne suffit plus. Après avoir ébauché les coups dans le vide et appliqué ces mêmes coups sur le mannequin, il faut passer à des exercices plus sérieux. Le mannequin, masse inerte, reçoit tous les coups, mais n'en rend pas ; il ne peut donc, aussi perfectionné qu'on le suppose, remplacer un adversaire résolu comme nos hommes en trouveront devant e x.

De plus, dans un combat, on n'attaque pas toujours, il faut parer les coups de l'adversaire et, par conséquent, connaître les parades nécessaires.

Enfin, il serait puéril de croire que le froissement du fer n'impressionne pas au début. Or, il ne faut pas que cette première impression se produise sur le champ de bataille, où tant d'autres causes viendront diminuer la valeur des combattants. Seule, une étude raisonnée du combat mettra nos cavaliers à la hauteur voulue.

C'est cette étude simplifiée autant que possible et mise à la portée de tous que nous offrons à la méditation de nos camarades. Qu'ils appliquent la méthode sans parti pris et ils verront les résultats dépasser leurs espérances.

L'EMPLOI DU SABRE

NOTIONS PRÉLIMINAIRES

Chaque fois que l'homme travaille avec son sabre, il doit se mettre en garde d'une façon identique, et la garde à prendre est celle indiquée par le règlement sur les exercices de la cavalerie (n° 261). De plus, l'adversaire se présentant aussi bien à gauche qu'à droite, la leçon doit être donnée dans ces deux situations. A cela, nous trouvons le double avantage d'habituer l'homme à faire face à toutes les éventualités et à se rendre compte par lui-même du côté le plus avantageux.

L'emploi du sabre, dirigé au début par les gradés de l'escadron, doit être continué par eux. Le rôle du maître d'armes et des prévôts consiste seulement à perfectionner l'instruction des gradés qui, après avoir été les meilleurs exécutants, deviendront au bout de quelques leçons de très bons moniteurs, s'ils ont un peu d'amour-propre et de bonne volonté. Du reste, les leçons qui suivent sont tellement faciles, qu'on peut se les assimiler en quelques jours.

PROGRESSION

A pied.

1° *Boxe et gymnastique élémentaires.* — Pour assouplir les articulations.

2° *Moulinets.* — Avec le sabre à droite et à gauche pour donner au poignet droit la souplesse indispensable au bon emploi du sabre.

3° *Mécanisme.* — Dans le vide des coups de sabre prescrit par le règlement, titre II, en apprenant séparément dans chaque direction le coup de pointe et le coup de sabre tout à fait indépendants l'un de l'autre.

(Ce mécanisme doit être enseigné à chaque homme individuellement.)

4° *Application au mannequin.* — Jusqu'à ce que les coups soient régulièrement portés.

5° *Leçons individuelles.* — De contre-pointe données par un moniteur ou un gradé.

(L'escrime du sabre, comme celle de l'épée, doit s'enseigner de maître à élève. Le premier dirige, rectifie les fautes commises; l'autre exécute.)

Nota. Les deuxième et troisième exercices se font avec le sabre de l'homme.

Le quatrième, avec les sabres de corvée spécialement destinés au travail sur le mannequin.

Le cinquième a lieu avec les sabres en bois, des masques de contre-pointe et sans gant, l'homme n'en ayant pas en campagne.

Chaque escadron entretient le matériel nécessaire qu'on peut évaluer à vingt-quatre sabres et douze masques. Ces sabres de bois doivent rappeler par leur forme celui dont l'homme est régulièrement armé. Ils doivent être flexibles pour permettre les coups de pointe qui dominent dans nos leçons parce qu'ils sont les plus efficaces. La meilleure essence de bois à employer pour leur confection est le châtaignier, dont il faut choisir les tiges bien droites et exemptes de nœuds.

A cheval.

1° *Répétition.* — Des quatres séries réglementaires sur le cheval de bois avec mannequins aux distances et dans les directions voulues pour donner les coups de pointe, d'abord, puis les coups de sabre.

(Les coups de pointe et les coups de sabre doivent toujours faire l'objet d'une étude séparée. Le groupement donné par la théorie n'a qu'un but : démontrer au cavalier la supériorité du coup de pointe sur le coup de sabre.)

2° *Même exercice.* — A toutes les allures.

3º *Course des têtes.* — En disposant sur le terrain des manœuvres un certain nombre de chandeliers munis de têtes mobiles que les hommes pointent le plus souvent et sabrent quelquefois, dans le sens voulu, lorsque la direction qui leur a été indiquée les amène à portée. Cet exercice, commencé au pas, se poursuit au trot, enfin s'exécute au galop ordinaire. Le galop allongé ne doit pas être employé, car à cette allure on ne donne plus de coups de sabre, on fait du carrousel. Pour augmenter le nombre des objectifs et se rapprocher autant que possible de la réalité, les chandeliers sont avantageusement remplacés par des chevaux porteurs de mannequins fixés sur des selles réformées et représentant des hommes à cheval. Ces chevaux, choisis parmi ceux qui frisent la réforme, sont tenus par des cavaliers à pied.

MANIÈRE DE PORTER LES COUPS

Les coups de pointe se portent vivement et à fond en allongeant sans à-coup le bras droit de toute sa longueur. La garde est reprise par une brusque retraite du poignet. Le bras doit, dans ces deux mouvements, se comporter comme un véritable ressort.

Les coups de sabre se donnent en allongeant le bras de toute sa longueur et en imprimant par une contraction des doigts un élan suffisant à la lame qui doit frapper à partir du milieu et en sciant. Il faut à cet effet, dès que l'objectif est atteint, ramener brusquement le poignet à la position en garde.

Les coups de pointe se portent à la poitrine (coup de pointe dessus) ou au flanc (coup de pointe dessous).

Les coups de sabre se portent sur la tête, le cou, les épaules ou la main de bride.

Les coups de pointe doivent être employés de préférence comme exigeant moins de force, découvrant moins et donnant un résultat plus prompt et plus sérieux que les coups de sabre qui s'emploient surtout pour se faire place dans la mêlée.

Attaques,

Coup de pointe dessus à droite. — Allonger franchement le bras et revenir en garde.

Coup de pointe dessous à droite. — Baisser la pointe par un mouvement du poignet et porter un coup à hauteur de la ceinture de l'adversaire.

Coup de pointe dessus à gauche. — Passer la pointe en dessous du sabre de l'adversaire et allonger vivement le bras sans temps d'arrêt. Reprendre la garde.

Coup de pointe dessous à gauche. — Comme

le précédent, mais d igé à hauteur de la ceinture.

NOTA. Les coups de pointe dessous ne sont possibles qu'autant que l'adversaire découvre la ceinture par une position défectueuse de sa main droite.

Coup de tête. — Passer le sabre par dessus la pointe de l'adversaire et porter un coup sur le sommet de la tête. Reprendre vivement la garde.

Coup de figure à droite. — Allonger le bras, les ongles en dessous, le tranchant du sabre à 10 centimètres de l'oreille ou du cou de l'adversaire. Porter le coup en retirant vivement la main pour reprendre la garde.

Coup de figure à gauche. — Allonger le bras les ongles en dessus en passant par dessus la pointe de l'adversaire, porter le coup et revenir en garde.

Coup de flanc. — (Ne se porte que vers la droite.) Comme le coup de figure à droite, mais dirigé à hauteur de la ceinture de l'adversaire.

Coup de banderole. — (Ne se porte que vers la gauche.) Passer le sabre par dessus la pointe de l'adversaire et porter le coup sur l'épaule, le cou, le flanc ou la main de bride. Reprendre la garde par une contraction des doigts.

PARADES

Les parades se font toutes avec le milieu de la lame en opposant le tranchant.

Parer le coup de pointe dessus. — Chasser la lame de l'adversaire d'un coup sec en contractant les doigts (main de tierce pour parer à droite ; main de quarte pour parer à gauche (fig. 1).

Parer le coup de pointe dessous à droite. — Comme la parade de flanc (fig. 2).

Parer le coup de pointe dessous à gauche. — Comme la parade de la banderole en arrêtant le poignet à hauteur de l'épaule (fig. 3).

Parer la tête. — Elever vivement l'arme en travers au-dessus de la tête, le tranchant en l'air, la pointe plus haute que la poignée serrée fortement par les doigts ; l'avant-bras droit vertical, le poignet à hauteur de l'oreille droite, pour résister au choc (fig. 4).

Parer la figure à droite. — Chasser le sabre de l'adversaire d'un coup sec en relevant le poignet à hauteur de l'épaule, la lame verticale, le tranchant à droite, les ongles en dehors (fig. 5).

Parer la figure à gauche. — Comme la précédente en tournant les ongles en dedans et le tranchant à gauche (fig. 6).

Parer le flanc. — Chasser la lame de l'adver-

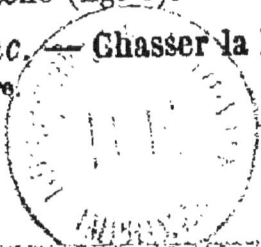

saire d'un coup sec en baissant la pointe par une flexion du poignet (fig. 2 et 3).

Parer la banderole. — Porter le poignet renversé les ongles en dehors à hauteur et contre l'oreille gauche, l'avant-bras droit horizontal affleurant la ligne des sourcils (fig. 7).

MISE EN GARDE

L'élève et le moniteur étant placés en face l'un de l'autre *à un mètre de distance, un pas d'intervalle* à droite ou à gauche, les talons sur la même ligne et au port du sabre.

En garde. — Porter le pied droit à 70 centimètres du pied gauche; placer la main gauche comme il est dit pour la main de bride (règlement d'exercices, titre II, n° 261); porter en même temps la main droite en avant et un peu plus haut que la main gauche, le petit doigt réuni aux trois autres, les ongles en dessous, le coude légèrement détaché du corps, les bras tombant naturellement; les épaules libres et souples; le sabre incliné en avant, le tranchant à droite un peu plus bas que le dos de la lame, la pointe à hauteur et dans la direction de l'épaule (droite ou gauche) de l'adversaire. Le coude, le poignet et la pointe du sabre doivent former une seule ligne droite (fig. 10 et 11).

Lorsqu'on croise le fer, les deux lames doivent

être au contact vers le tiers supérieur de leur tranchant (fig. 9 et 10).

EXERCICES DE L'EMPLOI DU SABRE

Prescriptions générales.

L'immobilité absolue de la main de bride et des jambes est observée pendant toute la leçon. Pour mieux faire comprendre les attaques et les parades, le moniteur les fera décomposer au début.

L'escrime du sabre étant forcément plus large que celle de l'épée, les moniteurs devront s'attacher à faire serrer le jeu de plus en plus pour atténuer, autant que possible, cet inconvénient. Une préparation complète du poignet et la pratique du sabre bien comprise donneront rapidement ce résultat. Les instructeurs s'attacheront d'une façon toute spéciale à la mise en garde qui laisse presque toujours à désirer, surtout après un coup porté. Dans ce dernier cas, le poignet se replace trop bas et l'homme est complètement découvert. Pour combattre ce grave défaut, les instructeurs porteront à l'élève un coup de pointe chaque fois que ce dernier reprendra la garde d'une façon défectueuse. De la sorte, le cavalier, châtié aussitôt la faute commise, contractera très rapidement l'habitude de revenir en garde régulièrement.

EXERCICES PRÉPARATOIRES

1re SÉRIE

Attaques.

En avant vers la droite ou en avant vers la gauche, porter un coup :

De pointe (1). $\begin{cases} \text{A la poitrine.} \\ \text{Au ventre.} \end{cases}$

Avancer d'un pas sans perdre le contact de la lame de l'adversaire.

De sabre.... $\begin{cases} \text{A la tête.} \\ \text{A la figure ou au cou.} \\ \text{Au flanc.} \end{cases}$

Reculer d'un pas.

De pointe ... $\begin{cases} \text{A la poitrine.} \\ \text{Au ventre.} \end{cases}$

2e SÉRIE

Parades.

En avant vers la droite ou en avant vers la gauche, parer un coup :

---

(1) Les coups de pointe se portent à la poitrine chaque fois qu'on le peut. Le cavalier vise la ceinture ou le ventre chaque fois qu'il a devant lui un cuirassier ou un adversaire en garde trop haut.

De pointe . . . $\begin{cases} \text{A la poitrine.} \\ \text{Au ventre.} \end{cases}$

De sabre . . . . $\begin{cases} \text{A la tête.} \\ \text{A la figure ou au cou.} \\ \text{Au flanc.} \end{cases}$

De pointe . . . $\begin{cases} \text{A la poitrine.} \\ \text{Au ventre.} \end{cases}$

Riposter par un coup de pointe après chacune des parades ci-dessus. La riposte est envoyée contre la poitrine ou le flanc, suivant la position du poignet droit de l'adversaire.

EXERCICES D'APPLICATION
DESTINÉS A PRÉPARER L'ASSAUT

Ces exercices s'exécutent le cavalier placé d'abord en avant et à droite puis en avant et à gauche.

1er EXERCICE

L'instructeur indique à l'homme le point menacé en même temps qu'il porte le coup. Il lui indique également le point à viser pour l'attaque et la riposte.

Coup de pointe à la poitrine ou au ventre et parer :

Le coup de pointe. $\begin{cases} \text{A la poitrine.} \\ \text{Au ventre.} \end{cases}$

Le coup de sabre . $\begin{cases} \text{A la tête.} \\ \text{A la figure ou au cou.} \\ \text{Au flanc.} \end{cases}$

Le coup de pointe. $\begin{cases} \text{A la poitrine.} \\ \text{Au ventre.} \end{cases}$

Riposter par un coup de pointe à la poitrine ou au ventre.

2° EXERCICE

Répétition du précédent à bâtons rompus. L'instructeur pare le premier coup de pointe que l'homme dirige suivant le cas à la poitrine ou au ventre ; il riposte par un coup de pointe ou de sabre. L'homme pare le coup porté, puis riposte toujours par un coup de pointe.

3° EXERCICE

Assaut raisonné.

L'instructeur se découvre. L'homme doit voir la faute et en profiter de suite. S'il ne la saisit pas, lui indiquer le coup qu'il aurait dû trouver de lui-même et le lui faire porter.

Cet exercice ne peut être réglementé ; l'instructeur le dirige en se basant sur la force de l'homme qu'il a devant lui. Son rôle consiste à provoquer les attaques sur tel ou tel point ; à les faire prononcer si l'homme ne voit pas de lui-même le coup à porter. Il attaque de temps en temps pour habituer l'homme aux parades et fait suivre chaque parade d'une riposte par un coup de pointe.

Il se laisse toucher d'abord pour ne pas décourager son élève ; rectifie soigneusement toutes les fautes commises ; insiste sur la nécessité de revenir régulièrement en garde après chaque coup porté ; fait au besoin toucher cette nécessité du doigt en envoyant une riposte chaque fois que la défectuosité de la garde y prête ; enfin, il serre son jeu de plus en plus à mesure que l'élève devient plus fort.

4ᵉ EXERCICE

Assaut entre deux cavaliers.

L'instructeur se tient à côté pour diriger le combat et rectifier les fautes de détail.

On pourra terminer ces exercices en opposant un homme armé de la lance mouchetée à un autre armé du sabre, pour montrer aux cavaliers la facilité avec laquelle on pare un coup de lance et la supériorité incontestable, dans le combat corps à corps, de l'homme armé du sabre, pour peu que ce dernier conserve son sang-froid et sache manier sa lame.

La valeur de la lance étant toute morale, il est indispensable de préparer nos cavaliers à l'impression produite par l'apparition d'un groupe de lanciers sur le champ de bataille. Cette précaution peut éviter un désastre.

CONCLUSION

Si nous accordons une si large part à l'étude de l'emploi du sabre, c'est que le sabre est la seule arme du cavalier. Le moins qu'on puisse faire est donc de lui apprendre à s'en service. Il faut développer son goût pour cette étude par tous les moyens possibles : récompenses de toutes sortes, permissions spéciales, marques distinctives, assauts devant tout le régiment avec témoignages de satisfaction accordés aux vainqueurs par le chef de corps entouré de ses officiers et mise à l'ordre du régiment. Alors, il n'y aura pas de temps de perdu et les cavaliers, bien pénétrés de l'utilité de cet enseignement, feront de la contre-pointe avec plaisir, tandis que maintenant ils vont à la salle d'armes par corvée, et, ma foi, cela se comprend.

En terminant, nous ferons remarquer qu'il est assez ridicule de voir les manches des cavaliers ornées de prix de tir alors que la carabine n'est qu'un accessoire pour les troupes à cheval, et d'y constater, en revanche, l'absence d'une marque quelconque indiquant ceux qui savent se servir de leur sabre (1). Il est vrai que, grâce aux errements encore en vigueur, on serait bien embarrassé pour désigner ceux méritant un tel insigne, car tous sont également incapables d'utiliser leur meilleure arme de combat.

Pour clore ce travail, nous exprimerons le vœu de voir adopter au plus tôt un sabre droit, bien en main, au lieu et place du modèle 1822, aussi impropre au coup de sabre qu'au coup de pointe.

---

(1) A l'appui de ce desideratum, on peut citer la décision prise par le prince régent de Bavière en date du 5 mai 1890. Elle est ainsi conçue :

« Dans tous les régiments de cavalerie, les douze meilleurs combattants à l'arme blanche à cheval (*Fechter zu pferde*) de chaque escadron, dont trois sous-officiers, recevront, chaque année, avant de partir pour les grandes manœuvres, un insigne spécial sur la manche droite. C'est une tresse de laine aux couleurs nationales du modèle des insignes de tireurs pour l'infanterie, qui se porte sur le parement, parallèlement au bord inférieur de la manche. Le port d'une nouvelle tresse s'ajoute chaque année pour les cavaliers qui ont mérité plusieurs fois cette distinction. Les militaires qui méritent cette distinction pour la quatrième fois portent des tresses d'argent, dont le nombre peut également s'augmenter par la suite. »

Fig. 1.
Parer le coup de pointe dessus.

FIG. 2.

Parer le coup de pointe dessous à droite.

FIG. 3.

Parer le coup de pointe dessous à gauche.

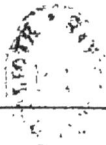

Fig. 4.

Parer la tête.

FIG. 5.
Parer la figure à droite.

Fig. 6.

Parer la figure à gauche.

Fig. 7.
Parer la banderole.

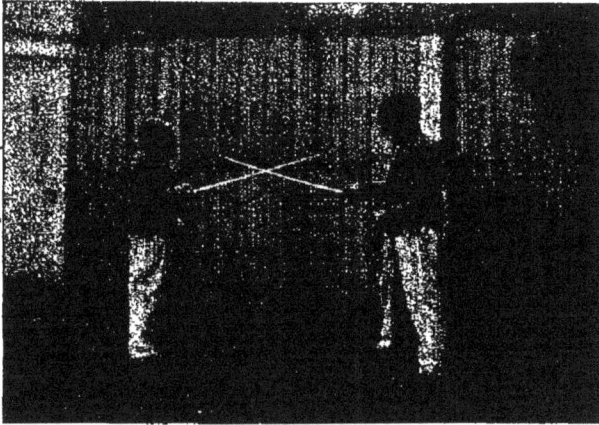

FIG. 8.
Élève et Moniteur pour la leçon vers la droite.

FIG. 9.
Elève et Moniteur pour la leçon vers la gauche.

Fig. 10.
En garde à droite.

FIG. 11.
En garde à gauche.

Paris et Limoges. — Imp. milit. Henri Charles-Lavauzelle.

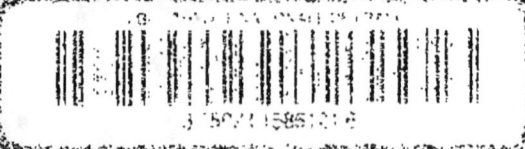

www.ingramcontent.com/pod-product-compliance
Lightning Source LLC
Chambersburg PA
CBHW071007280326
41934CB00009B/2205